Marina Hauser

Gardinen-Fensterbilder

ENGLISCH
VERLAG

Die Deutsche Bibliothek – CIP-Einheitsaufnahme
Gardinen-Fensterbilder / Marina Hauser. – Wiesbaden: Englisch, 1999
ISBN 3-8241-0931-X

© by Englisch Verlag GmbH, Wiesbaden 1999
ISBN 3-8241-0931-X
Fotos: Frank Schuppelius
Herstellung: Michael Feuerer
Printed in Spain

Inhaltsverzeichnis

4

Vorwort

Gardinen-Fensterbilder sind praktisch und sehr variabel, Ihrer Phantasie sind also keine Grenzen gesetzt. Sie finden hier zwar eine Vielzahl von Anregungen, die Sie aber selbst verändern und nach Belieben kombinieren können. Ob Sie die Ballons mit dem lustigen Clown lieber mit Herzchen, Bonbons oder Schleifchen verzieren wollen, bleibt Ihnen selbst überlassen. Auch die Breite der Gardinen-Fensterbilder können Sie jedem Fenster individuell anpassen, da sich die Motive der Bordüren beliebig oft aneinander reihen lassen.

Schmale Gardinenstangen sind in verschiedenen Ausführungen erhältlich. Bei einigen Ausführungen kann die Aufhängung ganz einfach mit doppelseitigem Klebeband am Fensterrahmen befestigt werden.

Diese Fensterbilder lassen sich mit einem Vorhang kombinieren, sie sehen allein aber genauso schön aus. Auch für weniger geübte Bastler ist es nicht schwierig, Gardinen-Fensterbilder zu fertigen. Die einzige Voraussetzung, die Sie mitbringen müssen, ist ein wenig Geduld.

Lassen Sie sich bezaubern vom Anblick der sich drehenden Farben und Formen. Ich wünsche Ihnen auf jeden Fall viel Freude mit diesen originellen Fensterbildern.

Ihre Marina Hauser

Material und Werkzeug

Für die Schablonen:
- ✦ Transparentpapier (Butterbrotpapier)
- ✦ Fotokarton oder Kartonreste in derselben Stärke
- ✦ Klebstoff
- ✦ Bleistift

Für alle Modelle:
- ✦ Fotokarton in verschiedenen Farben
- ✦ Tonpapier in verschiedenen Farben
- ✦ Nadel und Nähgarn
- ✦ Bleistift
- ✦ Schere
- ✦ Cutter

Darüber hinausgehendes Material finden Sie beim jeweiligen Modell.

Bastelanleitung

Herstellen von Schablonen

Fertigen Sie sich eine Schablone für die Bordüre und das herabhängende Motiv, da Sie diese Teile in vielfältiger Anzahl benötigen. Legen Sie Transparentpapier auf das Motiv des Vorlagebogens, und zeichnen Sie die Konturen mit einem Bleistift nach. Das Transparentpapier mit der Zeichnung kleben Sie auf Karton. Hierfür ideal ist Fotokarton, weil er nicht zu dick ist. Schneiden Sie die Zeichnung entlang der Konturlinie aus, und Ihre Schablone ist fertig.

Übertragen der Motive

Motive, die Sie nur ein- oder zweimal benötigen, können Sie direkt übertragen. Dazu zeichnen Sie wie bei den Schablonen das Motiv des Vorlagebogens auf Transparentpapier. Dann legen Sie die erhaltene Zeichnung direkt auf das entsprechende Stück Fotokarton oder Tonpapier und zeichnen die Konturen auf der Rückseite mit einem weichen Bleistift nach. Üben Sie dabei leichten Druck aus. So entstehen auf Ihrer Bastelvorlage feine Einkerbungen, an denen entlang Sie Ihr Motiv ausschneiden können.

Ausschneiden der Bordüre

Messen Sie die Breite Ihres Fensters. Markieren Sie Ihr Fenstermaß auf dem Rand des Fotokartons und zeichnen die Schablone für die Bordüre entsprechend oft nebeneinander ab, ohne dass ein Zwischenraum entsteht. Schneiden Sie die Bordüre entlang den Außenkanten aus. In jeder Bordürenvorlage finden Sie Kreise zum Ausschneiden, die für das Einstecken der Gardinenstange vorgesehen sind. Schneiden Sie diese Kreise mit dem Cutter aus. Falls Sie jedoch eine Schere bevorzugen sollten, stechen Sie bitte in der Mitte des Kreises ein und schneiden dann bis zur Linie. So vermeiden Sie ein Zerreißen des Papiers.

Ausschneiden der Anhänger

Da Sie für jedes Gardinen-Fensterbild diverse Anhänger benötigen, empfiehlt es sich, Ihr Motiv auf einen gefalteten Bogen Tonpapier aufzuzeichnen und dann zu schneiden. Auf diese Weise erhalten Sie gleich zwei Anhänger.

1. Falten Sie Ihren Bastelbogen
2. Zeichnen Sie Ihr Motiv auf

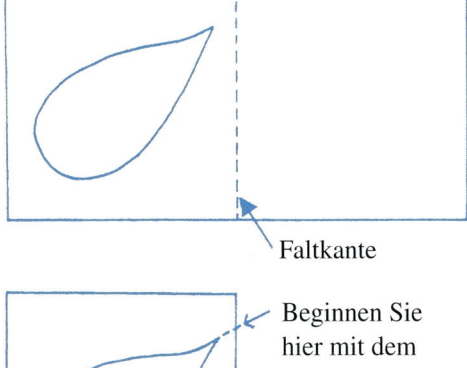

Faltkante

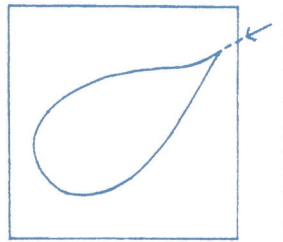

Beginnen Sie hier mit dem Ausschneiden, damit die Faltkante erst zuletzt weggeschnitten wird.

Fertigstellen der Gardinen-Fensterbilder

Für die Anhängerketten werden die kleineren Motive in der Regel in regelmäßigen Abständen auf Fäden geklebt. Geben Sie auf ein Teil etwas Klebstoff, legen den Faden darüber und drücken das Gegenstück von hinten gegen. Großflächigere Motive werden mit der Nähnadel verbunden, indem Sie den Faden durch das Papier ziehen und festknoten. Die Fadenketten befestigen Sie an der Bordüre, wobei

Sie mit der Nähnadel ein kleines Loch durch den Fotokarton stoßen, das Ende der Fadenkette hindurchziehen und verknoten. Beim Fädeln der Bordüre auf die Gardinenstange sollten Sie sich an der jeweiligen Abbildung orientieren, da man mit den vorgeschlagenen Arrangements besondere Effekte erzielen kann.

Frühling

1. Marienkäfer

Material

- ◆ Fotokarton in Weiß
- ◆ Tonpapier in Gelb und Rot
- ◆ Klebstoff
- ◆ schwarzer wasserfester Filzstift
- ◆ Lineal

Anleitung

Bei diesem Gardinen-Fensterbild kommen ganz sicher Frühlingsgefühle auf. Die Blütenreihe zeichnen Sie auf Fotokarton auf. Für die unteren Blütenbögen benötigen Sie je zwei gelbe Kreise für Vorder- und Rückseite der Bordüre. Die oberen Kreise der Blütenbordüre schneiden Sie für die Gardinenstange aus. Fertigen Sie die Marienkäfer, bemalen Sie sie und benutzen dabei für die Trennungslinie der Flügel das Lineal. Stellen Sie mit Nadel und Faden Marienkäferketten her und verteilen diese an der Bordüre.

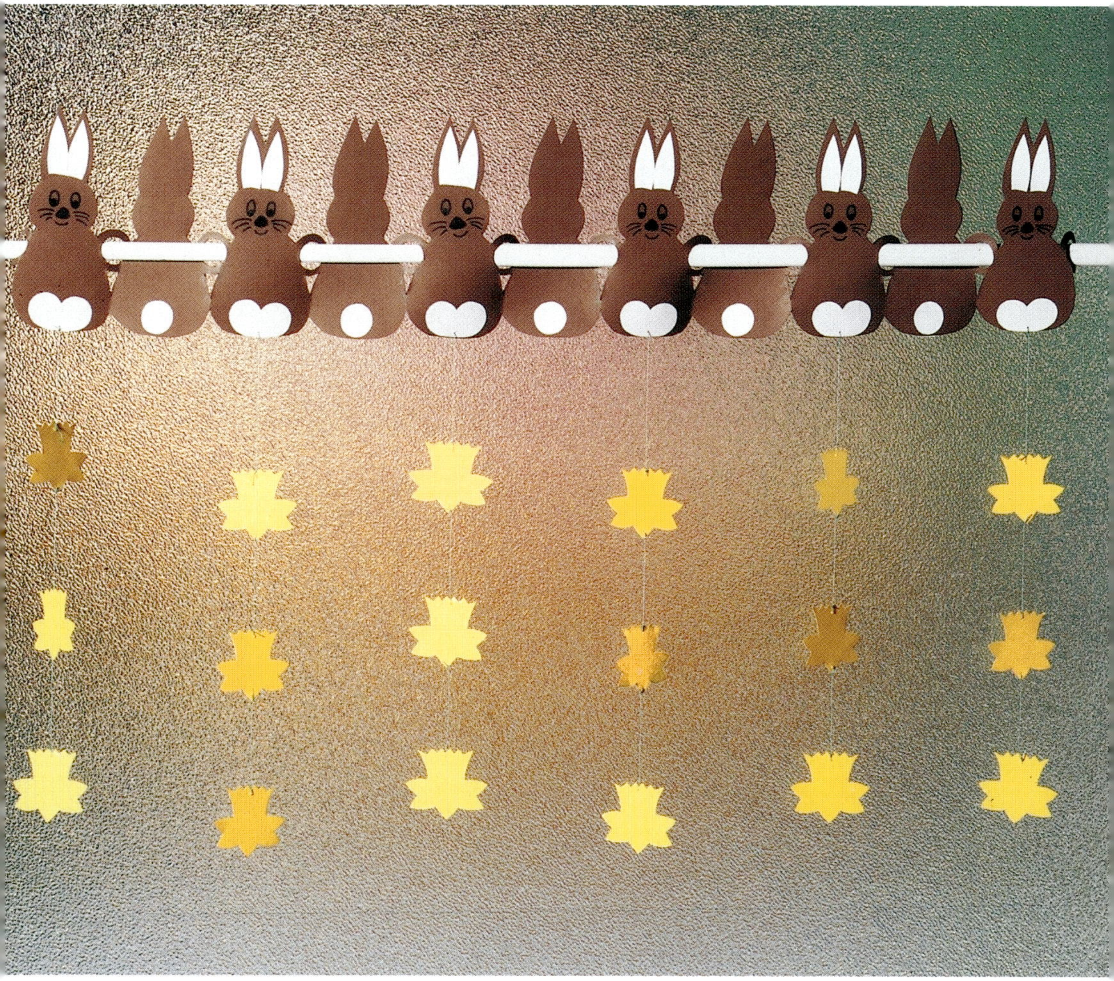

2. Osterhasen

Material
- ✦ Fotokarton in Braun
- ✦ Tonpapier in Weiß und Gelb
- ✦ schwarzer wasserfester Filzstift

Anleitung

Reihen Sie die Osterhasen aneinander bis Ihre Fensterbreite ausgefüllt ist. Das Innere der Ohren, Füße und Stummelschwanz fertigen Sie aus weißem Tonpapier.

Vorder- und Rückenansicht der Hasen wechseln sich ab. Die Augen und übrigen Gesichtskonturen werden mit schwarzem Filzstift aufgemalt. Schneiden Sie die Narzissen in der gewünschten Menge aus.

Ziehen Sie den Faden durch den oberen Rand der Blüte, und knoten Sie jede einzelne Narzisse fest. Die Bordüre schieben Sie so auf die Gardinenstange, dass die Rückenteile der Hasen von der Stange verdeckt werden.

3. Vögel in den Wolken

Material

✦ Fotokarton in Royalblau
✦ Tonpapier in Regenbogenfarben

Anleitung

Zeichnen Sie die Wolken auf Fotokarton und schneiden die Bordüre aus. Nachdem Sie die Vögel ausgeschnitten haben, verbinden Sie diese untereinander, indem Sie den Faden durch jedes Motiv ziehen und dann verknoten. Befestigen Sie die Enden der Ketten mit einem Knoten an den Wolken. Die Länge der Ketten und dementsprechend die Menge der Vögel sowie die Abstände zwischen den Ketten bestimmen Sie.

11

4. Frühlingsblumen

Material

- ✦ Fotokarton in Lila
- ✦ Tonpapier in Dunkelgrün und Lila
- ✦ Glanzpapier in Blau
- ✦ Klebstoff
- ✦ schwarzer wasserfester Filzstift

Anleitung

Die Blütenbordüre schneiden Sie aus lilafarbenem Fotokarton aus. Die Blätter sind aus dunkelgrünem Tonpapier und werden beidseitig auf die Blüten geklebt. Danach werden die Kreise für die Gardinenstange ausgeschnitten. Fertigen Sie die Tropfen aus Ton- und Glanzpapier. Für einen Tropfen aus Glanzpapier brauchen Sie lediglich die gummierte Seite anzufeuchten, den Faden daraufzulegen und das Gegenstück anzudrücken. Auch die Tropfen aus Tonpapier kleben Sie auf die Fäden. Ziehen Sie zwischen den einzelnen Blüten der Bordüre Linien mit Filzstift, und anschließend können Sie Ihr Gardinenbild aufhängen. Der Frühling kann kommen.

Sommer

5. Schnecken mit Erdbeeren

Material

- ✦ Fotokarton in Hellbraun oder Beige
- ✦ Tonpapier in Rot
- ✦ schwarzer wasserfester Filzstift

Anleitung

Dieses Motiv ist sehr einfach herzustellen. Schneiden Sie die Schneckenbordüre und die Erdbeeren aus.

Mit schwarzem Filzstift zeichnen Sie die Augen der Schnecken und die Schneckenhäuser sowie die Konturen der Erdbeeren. Verbinden Sie dann die Erdbeeren zu Ketten, indem Sie Nähgarn durch das Papier ziehen und festknoten.

Befestigen Sie die entstandenen Ketten wie in der Abbildung. Für die Schnecken heißt es nun guten Appetit.

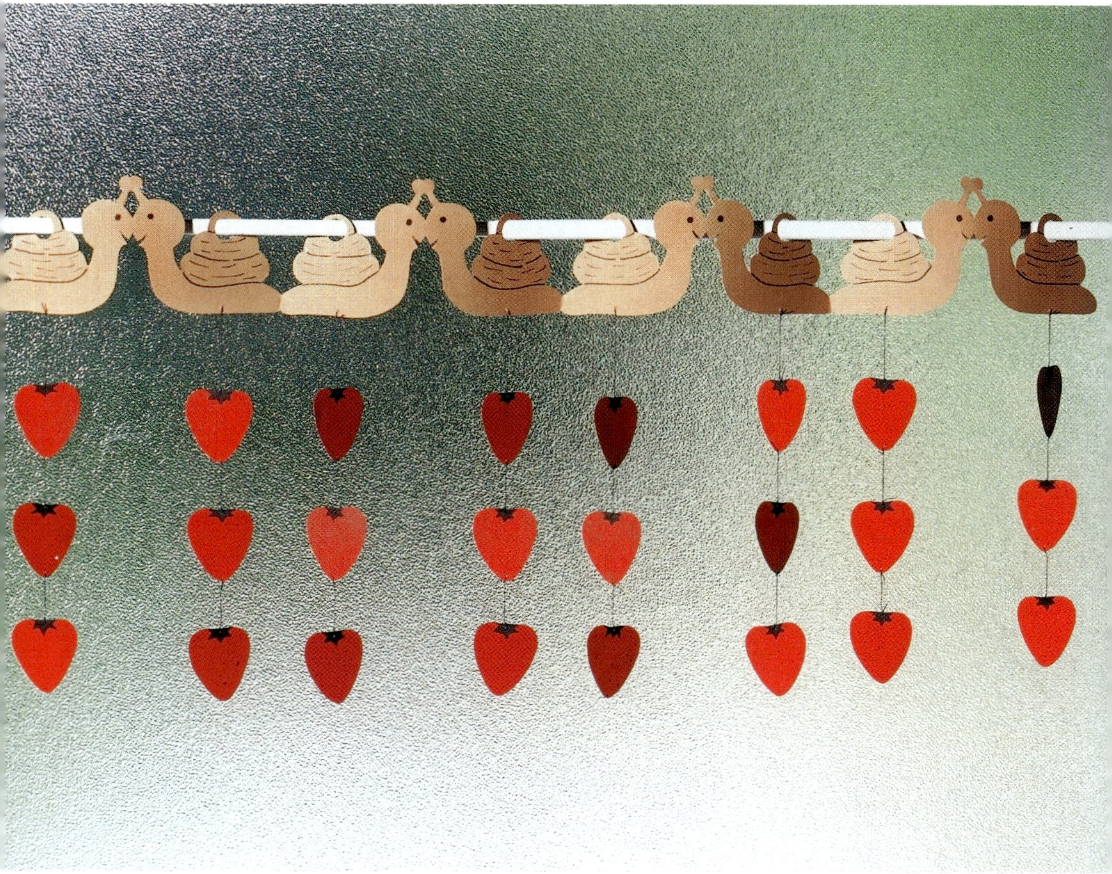

13

6. Raupen mit Kirschen

Material
◆ Fotokarton in Hellgrün
◆ Tonpapier in Rot und Dunkelgrün
◆ Klebstoff
◆ weißer Lackstift
◆ schwarzer wasserfester Filzstift

Anleitung
Den Raupen ist anzusehen, dass sie wohlgenährt sind – kein Wunder, bei so vielen Kirschen. Stellen Sie die Raupenbordüre mithilfe des Vorlagebogens her.

Malen Sie die Augen mit weißem Lackstift. Wenn die Farbe getrocknet ist, können Sie die Pupillen und den Mund in Schwarz auftragen. Die Kirschen werden links und rechts sowie von vorn und hinten an den Stiel geklebt. Für jeden Stiel benötigen Sie also vier Kirschen.

Verbinden Sie die Kirschen mit Nadel und Faden zu gleich langen Ketten, und befestigen Sie sie an der Bordüre. Orientieren Sie sich beim Einstecken der Gardinenstange an der Abbildung.

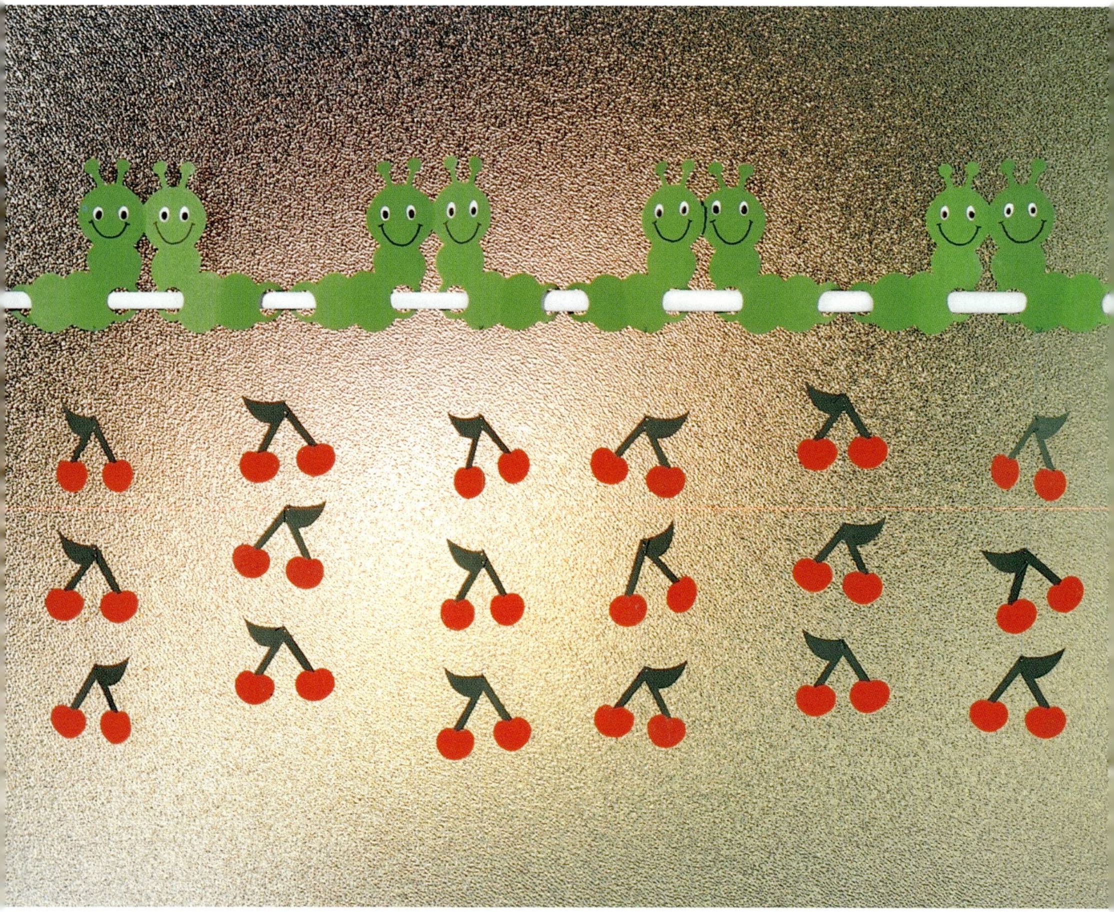

7. Äpfel

Material
- Fotokarton in Rot
- Tonpapier in Dunkelgrün
- Klebstoff

Anleitung

Schnell und einfach sind diese appetitlichen Äpfel herzustellen. Die Apfelreihe zeichnen Sie in der benötigten Breite auf und schneiden sie aus.

Auf jeden Apfel kleben Sie beidseitig ein grünes Blatt. Danach schneiden Sie die Kreise für die Gardinenstange aus. An jedem Apfel befestigen Sie an der unteren Mitte einen Faden, worauf Sie die Apfelblätter beidseitig ankleben. Nun können Sie die Gardinenstange einstecken.

8. Ananas

Material
- ✦ Fotokarton in Zitronengelb
- ✦ Tonpapier in Hellgrün und Regenbogen-
  farben
- ✦ Klebstoff
- ✦ schwarzer wasserfester Filzstift
- ✦ Lineal

Anleitung

Reihen Sie die Ananas beliebig oft aneinander und schneiden sie aus. Mithilfe des
Lineals zeichnen Sie auf jede Frucht Karo-
muster. Jedes Karo bekommt in der Mitte
einen Punkt.

Die hellgrünen Blätter schneiden Sie für
jede Frucht zweimal aus und kleben sie doppelseitig auf. Die Kreise für die Gardinenstange werden nach dem Aufkleben herausgetrennt.

Fertigen Sie die Schmetterlinge, und kleben
Sie sie an Fäden. Freuen Sie sich auf diesen
exotischen Leckerbissen aus Ihrer Bastel-
werkstatt.

9. Fische

Material

- ✦ Fotokarton in Royalblau
- ✦ Tonpapier in Regenbogenfarben
- ✦ Klebstoff
- ✦ schwarzer wasserfester Filzstift

Anleitung

Fertigen Sie die Wellenbordüre gemäß der Bastelanleitung. Befestigen Sie den Wal in der Mitte der Bordüre: Der Wal wird ausgeschnitten, zwei gegengleiche Fontänteile mit dazwischenliegendem Faden gegeneinander geklebt.

Für die übrigen Fadenketten benötigen Sie jeweils sechs Fischchen. Verbinden Sie diese Motive mit einem Faden, wobei Sie das Fadenende am Fisch verknoten.

Winter

10. Engelsglocken

Material
- Fotokarton
  in Gold
- Tonpapier
  in Gold

Anleitung
An diesem Gardinen-Fensterbild geht das
Christkind ganz bestimmt nicht vorbei.
Zeichnen Sie die Engel in der erforderlichen
Breite auf und schneiden die Bordüre aus.
Fertigen Sie die Glocken und verbinden
diese mit Nadel und Faden zu gleichmäßi-
gen Ketten. Die Ketten befestigen Sie an den
Engeln.

11. Winterwald

Material
✦ Fotokarton in Dunkelgrün und Weiß

Anleitung
Erst wird die Tannenreihe ausgeschnitten. Fertigen Sie die schneebedeckten Tannenwipfel, und kleben Sie sie auf die Tannen. Nun zeichnen Sie die Sternchen auf und schneiden sie aus. Knoten Sie die Sterne mit Fäden aneinander und verteilen die Ketten gleichmäßig unter den Tannen. Ihr Winterwald ist fertig.

Tipp: Um besondere Lichteffekte für lange Winterabende zu erzielen, können Sie statt des weißen Fotokartons auch Nachtleuchtpapier benutzen.
Für die Wipfel heften Sie es mit der selbstklebenden Seite auf die Tannen. Um die Sternchen herzustellen, halbieren Sie einen Bogen Nachtleuchtpapier und kleben die Hälften mit der Klebeseite zusammen.

12. Schneemänner

Material
- ✦ Fotokarton in Weiß
- ✦ Tonpapier in Grün, Rot und Blau
- ✦ Klebstoff
- ✦ schwarzer und roter Filzstift

Anleitung

Die Schneemänner sind abwechselnd in Vorder- und Rückansicht zu sehen. Die Mützen kleben Sie beidseitig auf. Wechseln Sie dabei die Farbe der Mützen in gleicher Wiederholung ab. Nase, Mund und Knöpfe malen Sie auf jeden zweiten Schneemann auf. Wenn Sie die Bordüre umdrehen, bemalen Sie die Schneemänner, die zuvor ausgelassen wurden. Schneiden Sie die Eiskristalle aus Fotokarton, da weißes Tonpapier am Fenster ein wenig durchscheinend ist. Kleben Sie die Eiskristalle auf Fäden, und befestigen Sie sie an der Bordüre.

Hier noch ein Tipp zum Ausschneiden der Kristalle:

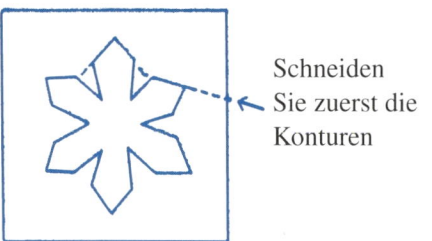

Schneiden Sie zuerst die Konturen

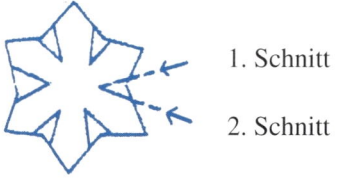

1. Schnitt

2. Schnitt

Schneiden Sie immer vom Rand nach innen zur Ecke.

Für das Kinderzimmer

13. Zugfahrt

Material

✦ Fotokarton in Schwarz
✦ Tonpapier in Weiß
✦ Klebstoff

Anleitung

Diese Dampflok kommt an jedem Fenster wirklich gut zur Geltung, und sie ist ganz leicht zu basteln. Zeichnen Sie die Lokomotive mit beliebig vielen Waggons auf Fotokarton und schneiden den Zug aus.

Die Radachsen dienen der Gardinenstange zum Einstecken. Auch die Zugfenster schneiden Sie aus. Auf diese Weise wirkt der Zug später hinter der Fensterscheibe sehr realistisch. Das kleine Wölkchen für die Lok schneiden Sie zweimal aus und kleben es doppelseitig auf.

Die größere Wolke fertigen Sie beliebig oft und kleben sie in gleichmäßigen Abständen auf Fäden. Befestigen Sie die Wolkenketten unter jedem Wagen.

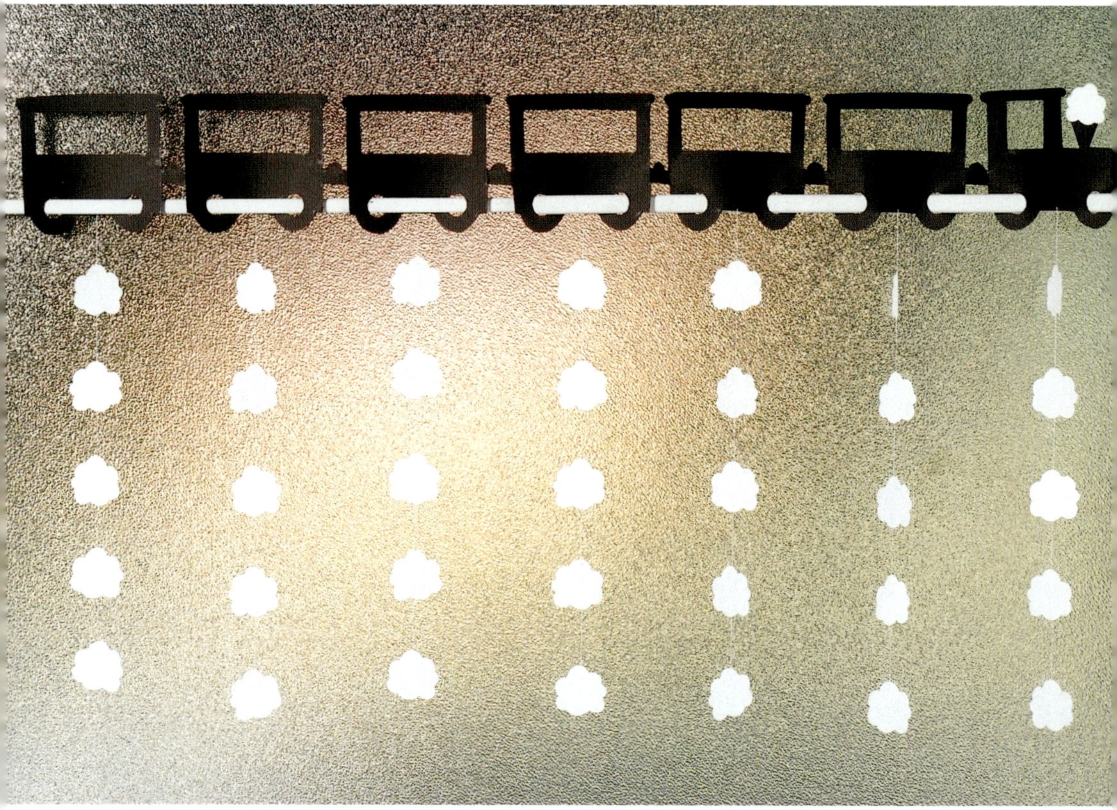

14. Flugreise

Material

- ✦ Fotokarton in Rot
- ✦ Tonpapier in Rot, Schwarz, Gelb, Blau und Grün
- ✦ Klebstoff
- ✦ weißes Stickgarn

Anleitung

Die Flugzeugkörper werden aus rotem Fotokarton ausgeschnitten, die Fenster aus schwarzem Tonpapier und beidseitig aufgeklebt. Kleben Sie die Flügel aus rotem Tonpapier von beiden Seiten an. Schneiden Sie erst dann die Kreise für die Gardinenstange aus. Fertigen Sie die Fallschirme aus vier verschiedenen Farben.

Wie auf der Abbildung zu sehen, knoten Sie jeweils ein Stück des weißen Stickgarns links und rechts an jeden Fallschirm und binden die beiden Garnstücke an den Enden zusammen.

Die Fallschirme werden zu Reihen gruppiert, mit Faden verbunden und nach der Bastelanleitung an der Bordüre befestigt.

25

15. Clown

Material
+ Fotokarton in Royalblau, Weiß, Haut-
  farben
+ Tonpapier in Gelb, Hellgrün, Rot,
  Schwarz, Türkis und Weiß
+ Klebstoff
+ schwarzer wasserfester Filzstift
+ Motivstanzer für Herzchen
+ Cutter oder Bastelmesser

Anleitung
Zeichnen Sie die Ballonbordüre auf weißem
Fotokarton beliebig oft aneinander gereiht
auf und schneiden sie aus. Diese Reihe ver-
wenden Sie als Untergrund für die Luftballons. Die Ballons fertigen Sie einzeln aus
verschiedenfarbigem Tonpapier. Erst nachdem Sie die Luftballons von beiden Seiten
auf die Bordüre geklebt haben, werden die
Kreise für die Gardinenstange ausgeschnitten. Hierzu eignet sich am besten ein Cutter
oder ein Bastelmesser, da die Schneide-
fläche recht dick ist. Der Clown wird beidseitig beklebt. Zeichnen Sie Mund, Pupillen
und Hosenbeine. Der Clown wird in der
Mitte der Luftballons angebracht. Mit Hilfe
des Stanzers fertigen Sie die roten Herzchen. Sie können auch eine Schablone nach
dem Vorlagebogen anfertigen und die Herzen ausschneiden. Diese werden von beiden
Seiten auf Fäden geklebt. Verteilen Sie die
Fadenketten mit den Herzen, und befestigen
Sie sie an der Ballonbordüre.

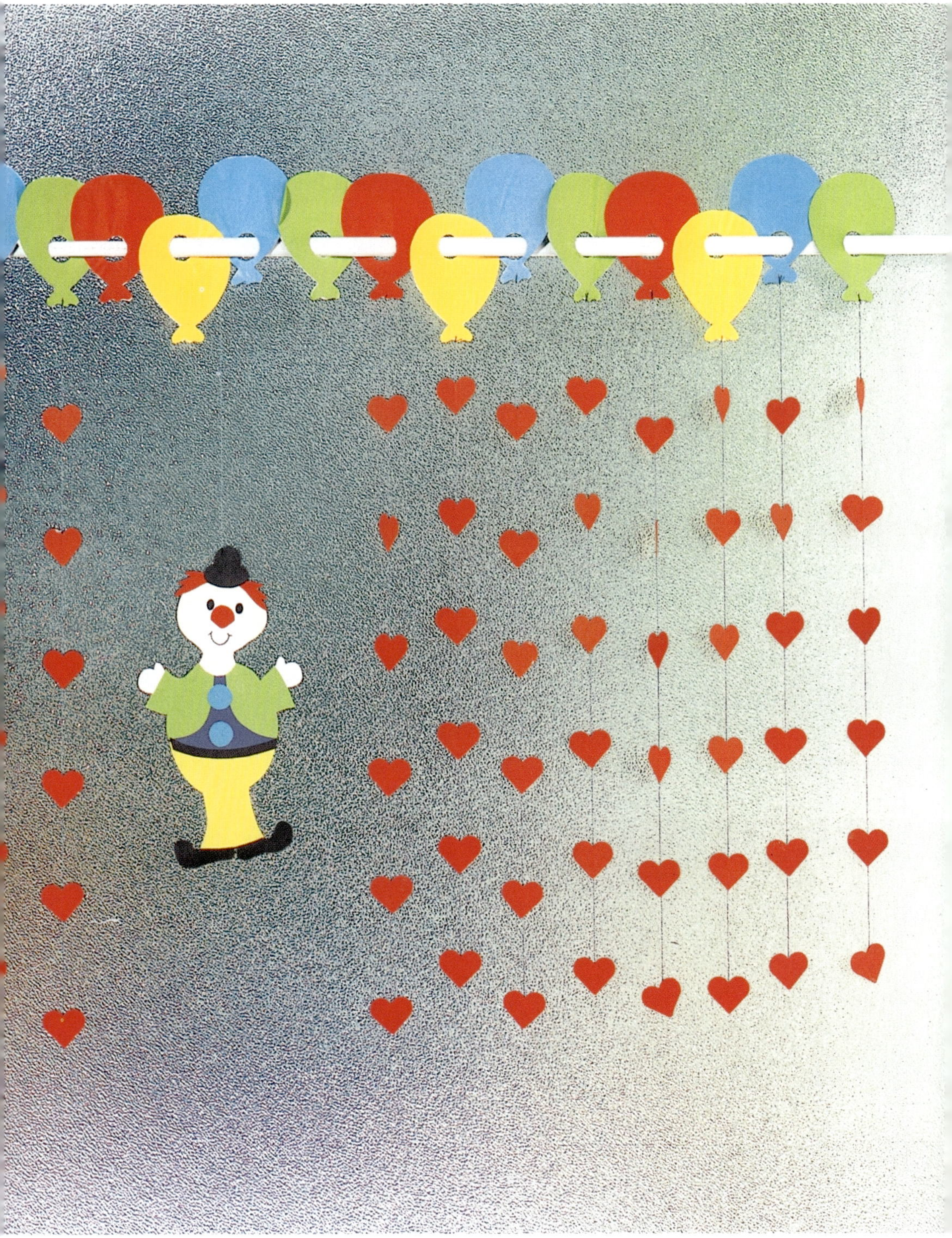

16. Elefanten

Material
- ✦ Tonpapier in Grau und Regenbogenfarben
- ✦ Klebstoff
- ✦ schwarzer wasserfester Filzstift

Anleitung

Da das gesamte Gardinen-Fensterbild aus Tonpapier besteht, sollten Sie beim Ausschneiden besonders aufmerksam sein, denn Tonpapier ist recht dünn. Fertigen Sie die Elefantenbordüre. Die bunten Bälle auf ihren Rücken schneiden Sie nachträglich aus buntem Papier und kleben sie beidseitig an. Die Löcher für die Gardinenstange werden erst anschließend herausgetrennt. Nun fertigen Sie die Bälle und verbinden sie mit Nadel und Faden zu Ketten. Zeichnen Sie den Elefanten Augen und Ohren.

28

17. Bärchen

Material

- ✦ Fotokarton in Braun und Regenbogen-farben
- ✦ Tonpapier in Beige, Weiß und Regen-bogenfarben
- ✦ Klebstoff
- ✦ schwarzer wasserfester Filzstift
- ✦ Motivstanzer für Schleifchen

Anleitung

Für diese Bordüre werden Bärchen und Bälle einzeln ausgeschnitten und dann aneinander geklebt. Die Bärchen sind abwechselnd von vorn und hinten zu sehen, orientieren Sie sich an der Abbildung. Bekleben Sie an-schließend jedes Bärchen mit zwei weißen Augen, zwei Ohrmuscheln, zwei Füßen und einem Schwänzchen. Pupillen und Schnauze werden mit Filzstift aufgezeichnet. Stanzen Sie nun die Schleifchen aus, oder basteln Sie sich mithilfe des Vorlagebogens eine Scha-blone. Kleben Sie die Schleifen in gleich-mäßigen Abständen auf die Fäden und be-festigen diese an der Bordüre.

18. Fasching

Material

- ✦ Fotokarton in Regenbogenfarben, Braun, Gelb, Grün, Schwarz und Hautfarben
- ✦ Tonpapier in Regenbogenfarben, Blau und Rot
- ✦ Klebstoff
- ✦ schwarzer wasserfester Filzstift

Anleitung

Die kleine Hexe bringt reichlich Bonbons – nicht nur für Kinder. Die bunte Faschings-bordüre stellen Sie aus buntem Regen-bogenkarton her.

Die Hexe wird von beiden Seiten beklebt, also benötigen Sie außer Gesicht und Besen-stiel alle Teile doppelt.

Zeichnen Sie nach der Abbildung Gesicht sowie die Konturen für Besen und Flicken mit Filzstift auf. Die Bonbons werden aus Regenbogenpapier ausgeschnitten.

Kleben Sie sie an Fäden, und befestigen Sie sie anschließend an der Bordüre.

19. Geburtstag

Material
✦ Fotokarton in Regenbogenfarben
✦ Tonpapier in Gelb, Hellgrün, Pink und Türkis

Anleitung
Auf dem Vorlagebogen finden Sie sämtliche Buchstaben des Alphabets, sodass Sie jeden Namen ausschneiden können.

Und wie wäre es mit „Hallo" oder „Narri" zur Faschingszeit? Übertragen Sie die Buchstaben auf Transparentpapier und stellen immer ein Herzchen zwischen zwei Buchstaben. An Anfang und Ende Ihrer Buchstabenkette wird das Doppelherz aufgemalt. Legen Sie Ihre Zeichnung auf den Karton und übertragen mit einem Bleistift die Konturen (s. Bastelanleitung, „Übertragen der Motive").

Schneiden Sie die Bordüre sowie die Einstecksösen für die Gardinenstange aus. Die Luftballons fertigen Sie aus Tonpapier, das farblich zu Ihrer Buchstabenbordüre passt. Ziehen Sie einen Faden durch die Ballons und knoten ihn fest. Verteilen Sie die Ballonketten an der Bordüre.

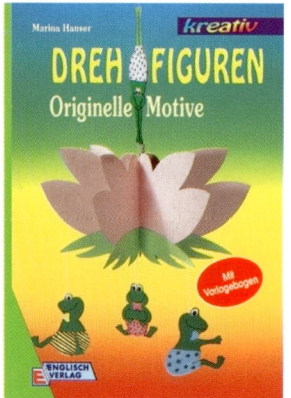